Nick Grossenbacher:

Hilfe –
ich komme immer zu früh!

Nick Grossenbacher:

Hilfe –
ich komme immer zu früh!

Wie SIE garantiert das Problem des vorzeitigen
Samenergusses überwinden

Der Text nimmt auf der Besonderheiten der Schweizer Rechtschreibung Rücksicht.

Lektorat, Layout: Reimund Bertrams

Alle Empfehlungen in diesem Buch wurden sorgfältig geprüft und für unbedenklich gehalten. Dennoch übernehmen Autor und Verlag keine Haftung für etwaige unerwünschte medizinische, finanzielle, zwischenmenschliche oder sonstige Folgen.

Herstellung und Verlag: Books on Demand GmbH, Norderstedt

Printed in Germany

ISBN 978-3-9523827-0-7

Inhalt

1. Einleitung

Hätten Sie gedacht, dass jeder dritte Mann, dem Sie begegnen, mit dem Problem „vorzeitiger Samenerguss (lat. Ejaculatio Praecox)" zu kämpfen hat? Und können Sie sich vorstellen, dass nur wenige von ihnen diese Krankheit in den Griff bekommen wollen? Das für Sie Tröstliche daran ist: SIE sind nicht allein!

Und zur zweiten Gruppe gehören Sie nicht, denn sonst würden Sie dieses Buch nicht in ihren Händen halten und schon jetzt – so kurz nach dem Kauf – eifrig nach der Lösung Ihres Dilemmas mit dem „zu früh kommen" suchen.

Der vorzeitige Samenerguss ist die mit Abstand am meisten verbreitete Sexualerkrankung beim Mann. Nur 10 % aller Männer leiden zum Beispiel unter den „populäreren" Potenzstörungen.

Auch ich litt und lebte mit diesem Problem, bis ich mich entschied, dieses Leiden aktiv zu bekämpfen. Ich begann damit, Ratgeber zu diesem Thema zu lesen und viele Informationen zu sammeln. Diese Informationen habe ich dann in Gesprächen mit anderen Betroffenen sehr gut vertiefen können. In einem nächsten Schritt habe ich mich einerseits an Beratungsstellen für Sexualität gewandt und andererseits die Hilfe bei einem Urologen gesucht. Diese Termine waren mitunter sehr kostspielig, aber nicht immer wirklich hilfreich.

Heute kann ich stolz behaupten, das Problem des vorzeitigen Samenergusses bewältigt zu haben; ich komme dann zum Orgasmus, wann ICH will!

- **Und ich kann Ihnen versprechen:**
- **Auch SIE können dieses Leiden hinter sich bringen.**

Im folgenden Ratgeber habe ich für Sie alle wichtigen Faktoren zusammengefasst und alle unbrauchbaren Tipps weggelassen. Ich zeige Ihnen Schritt für Schritt, wie ich den vorzeitigen Samenerguss bewältigt habe.

Wenn Sie sich an die Angaben in diesem Ratgeber halten, werden auch Sie schon bald sagen: „Hey, ich komme, wann ICH will!"

Sie können diesen Ratgeber alleine durcharbeiten und das Problem selbstständig von zuhause aus bewältigen. Wenn Sie aber in einer Beziehung leben, empfiehlt es sich, die Problembewältigung zusammen mit Ihrer Partnerin / Ihrem Partner anzugehen.

Dieser Ratgeber richtet sich natürlich nicht nur an heterosexuelle Männer, sondern auch an homosexuelle Männer, denn die meisten Übungen können auch von zwei Männern durchgeführt werden.

- **Warum habe ich diesen Ratgeber verfasst?**

Wie schon erwähnt, habe ich selber unter dieser sexuellen Störung gelitten; ich war voll im Teufelskreis und weiss daher ganz genau, wie gravierend die psychischen Folgen sein können.

Leider ist das Thema in der heutigen Gesellschaft immer noch ein Tabu. Jetzt ist es an der Zeit, dieses Tabu zu brechen, und genau das will ich unter anderem mit diesem Ratgeber erreichen.

Lange habe ich nicht daran geglaubt, das Problem jemals lösen zu können. Aber ich habe es geschafft. Und mit diesem Ratgeber will ich Ihnen Mut machen, denn auch Sie können dieses Problem bewältigen, und zwar kurzfristig.

Also, werden Sie aktiv, lösen Sie dieses leidige Problem endlich und endgültig. Sie werden danach ganz einfach ein schöneres und erfülltes (Sex-)Leben haben.

Nick Grossenbacher
vorzeitiger-samenerguss-was-nun.com

Medizinische Definition des vorzeitigen Samenergusses (Pschyrembel, klinisches Wörterbuch):

„Die Bezeichnung für die unbefriedigende Kontrolle des Mannes über den Zeitpunkt seines Orgasmus".

In den meisten Fällen ist die Kontrolle über den Orgasmus nicht nur unbefriedigend, sondern man hat gar keine Kontrolle.

Haben Sie sich schon einmal darauf konzentriert, was – während Sie sexuell aktiv sind – so alles in Ihrem Körper passiert? Wahrscheinlich nicht. Wer will sich schon auf den eigenen Körper konzentrieren, wenn eine wunderschöne Frau vor einem liegt?

Ich habe mich vor dieser Therapie jedenfalls nie mit meinem Körper beschäftigt, sondern viel lieber mit dem der Partnerin.

• Damit Sie den vorzeitigen Samenerguss erfolgreich bewältigen können, müssen Sie jetzt damit beginnen, Ihren eigenen Körper kennen zu lernen. Denn nur über diese Kenntnis werden Sie fähig, Ihren Orgasmus mehr und mehr zu kontrollieren.

In den folgenden Kapiteln werden Sie nun Schritt für Schritt lernen, auf welche Signale Ihres Körpers Sie hören müssen und erfahren, wie Sie die Orgasmuskontrolle erlangen.

• **Der sexuelle Reaktionszyklus wird in vier Phasen unterteilt:**

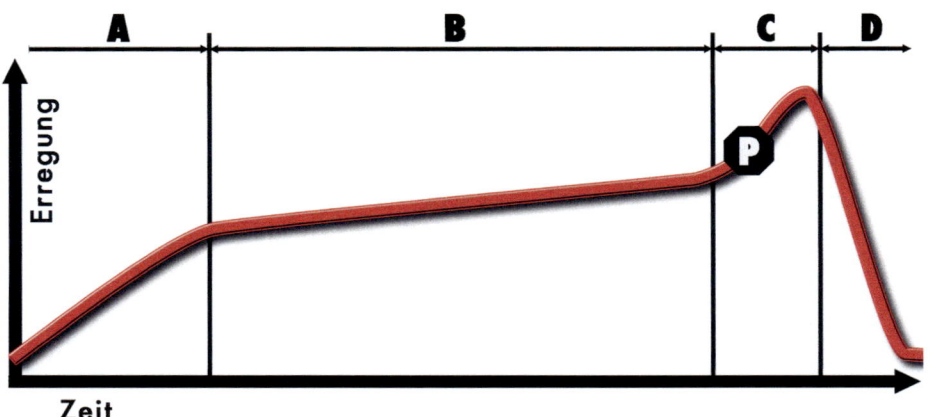

Diagramm: Der sexuelle Reaktionszyklus beim Mann

Die vier Phasen:

A: *Erregungsphase*
B: *Plateau-Phase*
C: *Orgasmusphase*
D: *Rückbildungsphase*
P: *„Point of no Return", auch Orgasmusschwelle genannt*

• **Beschreibung der einzelnen Phasen:**

A In dieser Phase nehmen die Herzschlag- und die Atemfrequenz kontinuierlich zu. Diese Erhöhung der Frequenzen können Sie leicht feststellen, indem
Sie während der Erregungsphase ein paar Mal Ihren Puls messen. Bei mir steigern sich die Frequenzen ziemlich stark und auch zügig, was aber kein Problem
darstellt, sondern nur menschlich ist.
  Die Schwellkörper im Penis füllen sich mit Blut – der Penis wird steif.
Durch die erhöhte Blutzufuhr kann es am ganzen Körper zu Rötungen kom-

men. Auch diese Rötungen stellen überhaupt kein Problem dar. Die Empfindungsfähigkeit steigt am ganzen Körper.

B Ihr ganzer Körper befindet sich während der Plateau-Phase in einer starken sexuellen Erregung; das heisst auch, dass die Muskelanspannung in dieser Phase am stärksten ist. (Beachten Sie aber bitte, dass der Grad der sexuellen Erregung von Individuum zu Individuum sehr stark variieren kann.)

Was mir während der Plateau-Phase immer auffällt – in dieser Phase ist mein sinnlicher Genuss am grössten. Im Verlauf der Plateau-Phase geschieht beim Mann auch der so genannte Vor-Erguss, auch „Lusttröpfchen" genannt.

• Abgeschlossen wird die Plateau-Phase mit dem Erreichen des „Point of no Return" (P).

C Während der Orgasmusphase wird das angestaute Blut in den Kreislauf gepumpt und so die Samenflüssigkeit ausgestossen. Es kommt zu Entspannungen im ganzen Körper. Die Orgasmusphase dauert durchschnittlich ein paar Sekunden. Die Herzschlagfrequenz kann sich während dieser wenigen Sekunden noch einmal verdoppeln.

D Der Körper geht zurück zum „Normalzustand". Die Herzschlag- und die Atemfrequenz sinken solange, bis die natürliche Herz-Kreislauf-Funktion wieder erreicht ist. Die Reiz-Empfindbarkeit nimmt stark ab und es können Müdigkeitsgefühle entstehen. Unmittelbar nach dem Orgasmus kommt der Mann in die so genannte Refraktärphase (eine Phase völliger sexueller Reiz-Unempfindlichkeit). Die Dauer dieser Phase kann auch stark variieren; mit fortgeschrittenem Alter wird die Refraktärphase länger.

P An diesem Punkt setzt der Orgasmus ein, ab hier gibt es definitiv kein Zurück mehr.

2.2 „Point of no Return"

Übersetzung: **„Punkt ohne Wiederkehr"**; dieser Begriff bezeichnet den Punkt, ab dem es kein Zurück mehr gibt.

Bezogen auf den vorzeitigen Samenerguss markiert der „Point of no Return" den Zeitpunkt, ab dem die Ejakulation willentlich nicht mehr gesteuert und somit nicht mehr aufgehalten werden kann.

2.3 Gründe und Auslöser, die zu vorzeitigem Samenerguss führen können

Zuerst will ich Ihnen ein paar häufige Ursachen von vorzeitigem Samenerguss auflisten, die keinen Anlass zur Sorge hervorrufen, da diese Situationen völlig natürlich sind:

1. Das „erste Mal": Beim ersten sexuellen Kontakt ist es völlig normal, wenn der Mann zu früh kommt.

2. Längere Enthaltsamkeit: Es ist absolut natürlich, dass der Mann nach einer Phase längerer Enthaltsamkeit schnell zum Orgasmus kommt. In diesem Fall wird sich die Länge der Plateau-Phase automatisch wieder verlängern, sobald der Mann regelmässig sexuellen Verkehr hat.

3. Verkehr mit einer neuen Partnerin: In diesem Fall spielt die Nervosität eine zentrale Rolle. Man(n) will unbedingt einen guten ersten Eindruck hinterlassen; dies kann zu Ängsten und Stress führen.

4. Sonstiger Stress: Wenn Sie im Beruf oder in der Familie eine schwierige Phase durchleben, kann es gut sein, dass dies Auswirkungen auf Ihr Sexualleben hat. Sobald dieser berufliche oder familiäre Stress vorbei ist, wird sich auch Ihr Sexualleben wieder verbessern.

5. Ungewöhnlich starke Stimulation / Sehr lang anhaltende Erektion: Sollte es in diesen Fällen zu einem vorzeitigen Samenerguss kommen, geniessen Sie ihn einfach ...

• Anders ist es, wenn der vorzeitige Samenerguss regelmässig vorkommt:

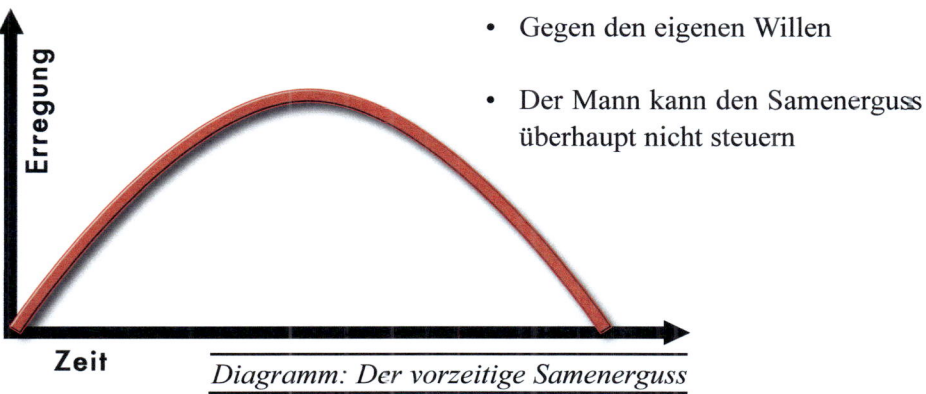

- Gegen den eigenen Willen

- Der Mann kann den Samenerguss überhaupt nicht steuern

Diagramm: Der vorzeitige Samenerguss

• Übung:

Auf Seite 15 finden Sie ein vorgezeichnetes Zeit-Erregungs-Diagramm. Zuerst zeichnen Sie die Kurve Ihres aktuellen sexuellen Reaktionszyklus auf. Diese Kurve wird ähnlich aussehen wie die Kurve in Bild 2.

Natürlich ist jeder sexuelle Reaktionszyklus individuell. Kopieren Sie also nicht die Kurve oben und übernehmen den Reaktionszyklus als den Ihren. Konzentrieren Sie sich wirklich auf Ihren persönlichen sexuellen Reaktionszyklus.

Dann nehmen Sie eine andere Farbe und zeichnen den sexuellen Reaktionszyklus so, wie er bei Ihnen in Zukunft aussehen soll und auch wird.

Genau so, wie Sie auf dem Blatt bestimmen, wie Ihr sexueller Reaktionszyklus aussehen soll, so können Sie diesen Ablauf schon bald in der Realität steuern. Sie alleine sind es, der entscheidet, wie lange Sie auf einer der vier Phasen verbleiben. Beachten Sie auch, dass die Erregung während den einzelnen Phasen ohne Weiteres abnehmen kann, bevor sie wieder ansteigt.

• Diese Übung soll Ihnen zum Beispiel dabei helfen, den „Point of no Return" (Ausführliche Erklärung in Kapitel 2.1 – Der sexuelle Reaktionszyklus) genau zu finden. Denn wenn Sie diesen früh genug erkennen, können Sie noch darauf reagieren.

Diese Übung müssen Sie als erste durchführen, damit Sie Ihren sexuellen Reaktionszyklus kennen lernen.

Auch ich habe bei meiner Therapie mit dieser Übung begonnen. Die Kenntnis über Ihren sexuellen Reaktionszyklus wird Sie Ihrem Ziel, nie wieder zu früh oder unkontrolliert zum Orgasmus zu kommen, einen grossen Schritt näherbringen.

• Werfen Sie in Zukunft auch immer wieder einen Blick auf das Blatt auf der gegenüberliegenden Seite, damit sich Ihr Wunsch-Zyklus in Ihre Gedankengänge einprägt.

Gründe für vorzeitigen Samenerguss

1. Psychologische Gründe: Angst, Stress und Leistungsdruck. Bei zirka 80 % der an vorzeitigem Samenerguss leidenden Männer ist die Ursache psychologisch.

2. Der Betroffene hat gar nie gelernt, den „Point of no Return" wahrzunehmen und somit zu steuern.

3. Partnerschaftsprobleme, Kommunikationsprobleme in der Beziehung oder auch Machtkämpfe in der Beziehung können vorzeitigen Samenerguss auslösen.

4. Tiefer liegende Konflikte können vorzeitigen Samenerguss auslösen. Zum Beispiel Hemmungen oder Minderwertigkeitsgefühle.

Erregung →

Zeit ↓

15

Diagramm-Vorlage: Der sexuelle Reaktionszyklus

2.4 Psychologischer Hintergrund

Wie schon erwähnt sind bei 4 von 5 Männern, die unter vorzeitigem Samenerguss leiden, psychologische Gründe als Ursache zu finden. Angst, Stress oder Leistungsdruck können vorzeitigen Samenerguss zur Folge haben und aufrechterhalten. So kann es gut sein, dass ein Mann aufgrund eines geschäftlichen Problems unter vorzeitigem Samenerguss leidet, da er sich während des sexuellen Aktes gar nicht konzentrieren kann.

Noch häufiger sind die Ursachen jedoch Stress und Angst aufgrund des bevorstehenden Sexualaktes. Man setzt sich selber einem völlig unnötigen Druck aus („Diesmal muss es besser funktionieren", „Jetzt komme ich nicht zu früh.").

Was passiert? Aufgrund der Stresssituation kommt man wieder zu früh und beim nächsten Versuch wird die Angst noch grösser sein, wieder zu früh zum Orgasmus zu kommen.

An solche Gedanken kann ich mich noch erinnern. Und ich weiss auch noch, wie extrem belastend diese Situationen sind. Wenn man einmal im Teufelskreis ist, steigert sich die Stresssituation mit jedem weiteren Versuch.

Für mich wurden diese Vor-dem-Sex-Situationen mit der Zeit unerträglich. In diesem Moment sah ich drei Möglichkeiten:

1. **Nichts ändern und so weitermachen. Was natürlich nicht in Frage kam.**
2. **Schluss mit Sex: natürlich nicht.**
3. **Versuchen, das Problem des vorzeitigen Samengusses endlich zu überwinden.**

Heute kann ich sagen, dass diese Entscheidung – versuchen, das Problem zu lösen – eine der wichtigsten Entscheidungen in meinem bisherigen Leben war. Heute ist mein psychisches Befinden so viel besser als früher, vor der Therapie. Mein Selbstvertrauen ist nicht nur im Bereich der zwischenmenschlichen Beziehungen, sondern praktisch in jedem Lebensbereich stark gestiegen. Also, Sie sollten sich jetzt auch schon für die dritte Möglichkeit entschieden haben und mit Hilfe dieses Ratgebers das Problem des vorzeitigen Samengusses endgültig überwinden.

• Wie Sie konkret aus diesem psychologischen Teufelskreis ausbrechen können, erfahren Sie in Kapitel 4 – Denkmuster.

Heutzutage gibt es leider sehr viele sexuelle Mythen und Klischees, die in der Realität kaum oder gar nicht zutreffen. Hauptursache für diesen Zustand sind Medien, die um Einschaltquoten wettstreiten. Der Mann kann immer; er befriedigt jede Frau, hat einen überdurchschnittlich grossen Penis, kennt alle guten Stellungen und Praktiken ...

• VERGESSEN SIE DIESE KLISCHEES!

Denn die Realität ist eine komplett andere: Untersuchungen in Deutschland haben ergeben, dass deutsche Paare im Durchschnitt zwischen ein bis vier Mal pro Woche Geschlechtsverkehr haben, jüngere Leute etwas öfter als ältere Leute.
Na und?
Was hat das mit Ihnen zu tun?
Jedes Individuum ist in seinen Wünschen und Bedürfnissen verschieden. Es darf für Sie keine Rolle spielen, was andere machen, denn SIE wollen ein erfülltes Sexualleben für sich – und nicht für andere.

• Dasselbe gilt für die Dauer des Koitus. Die durchschnittliche Dauer liegt heute bei sieben bis zehn Minuten. Ein Drittel aller Männer liegt regelmässig unter vier Minuten. Nur etwa 10 % (!) der Männer schaffen es, den Koitus auf länger als 15 Minuten auszudehnen.

Auch betreffend sexuellen Praktiken und Positionen ist wichtig, dass Sie nur auf sich selber und Ihre Partnerin hören. Probieren Sie Stellungen aus, die Ihnen gefallen und Spass machen. Es ist nicht nötig, irgendwelche halsbrecherischen Positionen auszuüben, um befriedigt zu werden.

17

• **Genauso bei den Praktiken:**

Wenn Ihnen Oralverkehr keine Freude bereitet, verzichten Sie ganz einfach darauf.

Nur weil in vielen Erotik-Filmen der Mann vor dem Akt oral stimuliert wird, heisst das noch lange nicht, dass jeder Mann diese Praktik favorisiert.

Dass nicht jede Frau / jeder Mann gerne einen Penis im Mund hat, sollte auch klar sein.

Auch hier gilt: Ihre Bedürfnisse zählen. Wenn Sie etwas ausprobieren wollen, dann tun Sie es. Wenn nicht, dann lassen Sie es.

In den heutigen Medien wird wie selbstverständlich behauptet, dass beide Partner stets gleichzeitig zum Orgasmus kommen. In der Realität kommt das eher selten vor, da der sexuelle Reaktionszyklus von Person zu Person verschieden ist.

Der schlimmste sexuelle Mythos , der vielen Männern zu schaffen macht, betrifft jedoch die Penislänge:

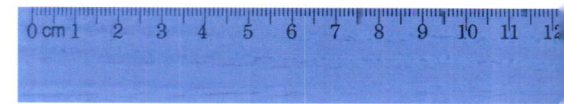

Auch hier sind die Medien mitschuldig. Sehr viele Männer leiden unter Minderwertigkeitskomplexen, weil sie ihren Penis als zu klein erachten und sich deshalb nicht im Stande fühlen, ihre Partnerin richtig zu befriedigen.

Zuerst muss man sich klarmachen, dass zwischen der Penisgrösse im schlaffen Zustand und der Penisgrösse in erigiertem Zustand kein Zusammenhang besteht. Ein kleiner, schlaffer Penis wächst in erigiertem Zustand viel mehr als ein grosser, schlaffer Penis.

Die europäische Penis-Durchschnitts-Grösse liegt zwischen 11 cm und 16 cm. Die grösste

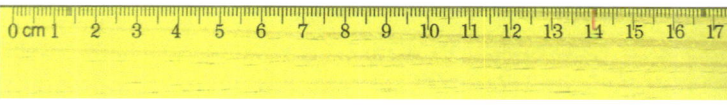

sexuelle Reizbarkeit des weiblichen Körpers befindet sich im vordersten Drittel der Vagina (5 cm – 8 cm). Alles, was über diese 8 cm hinausgeht, empfindet die Frau nicht unbedingt als lustvoll.

• **Diese Tatsachen entsprechen in keinster Weise dem von den Medien kreierten Super-Mann – diese Tatsachen sind die Realität.**

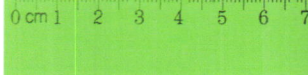

Sie müssen wissen, dass ein schneller Samenerguss des Mannes ursprünglich von der Natur so vorgesehen war. Früher musste der Mann seine Familie schützen und verteidigen; während des Sexualakts konnte er dies aber nicht tun, also musste diese „Ablenkung" möglichst schnell vorbei sein. Daher galt früher: Je schneller, desto männlicher.

Die Definition, was männlich ist, hat sich im Laufe der Zeit aber stark verändert. Ein schneller Samenerguss wird heute nicht mehr als männlich angesehen, daher fallen viele Betroffene in einen Teufelskreis negativer Gedanken, was den Orgasmus anbelangt:

Wenn man vor dem Akt erwartet, dass man wieder zu früh kommen wird, setzt sich dies im Unterbewusstsein fest. Man ist von Beginn an negativ eingestellt. Man handelt dann unbewusst so, dass man eben zu früh kommt, bestätigt somit die eigene negative Erwartungshaltung und fühlt sich letzten Endes im eigenen Denkmuster bestätigt.

Wenn man sich häufig sagt: „Ich komme bestimmt wieder zu früh", wird dies auch eintreffen, weil man gar nicht versucht, dem Ganzen entgegenzuwirken und man sich entsprechend der eigenen Voraussage verhält.

Dass sich die Prognose bestätigt, wird vom Betroffenen so gedeutet, dass er mit der Selbsteinschätzung richtig lag und anscheinend wirklich ein totaler Versager ist. Durch solche negativen Gedanken fühlt er sich noch schlechter.

• Diesen Teufelskreis können Sie durchbrechen, indem Sie lernen, negative Gedanken zu kontrollieren und zu relativieren. Sie brauchen ein positiv gestaltetes Denkmuster und eine positive Grundüberzeugung.

Die wichtigste Voraussetzung, um dies zu erreichen, ist Ehrlichkeit sich selbst gegenüber. Dann können Sie Schritt für Schritt Ihre negativen Denkmuster ändern, zum Beispiel, dass ein schneller Erguss ganz natürlich ist oder eine Folge der unglaublichen Attraktivität der Partnerin.

Im folgenden Kapitel erfahren Sie alles Wichtige zum Thema „Positives Denken".

Bei vorzeitigem Samenerguss liegen die Ursachen wie erwähnt zu 80 % im psychologischen Bereich. Das Prinzip des positiven Denkens ist sehr förderlich, um aus dem Teufelskreis negativer Gedanken auszubrechen. Sie müssen eingeprägte Muster umlernen. Um dies zu erreichen, gibt es eine sehr praktische Technik:

• Das Führen eines Tagebuchs der persönlichen Erfolge

Nehmen Sie ein Notizbuch zur Hand und halten Sie darin die Erfolge fest, welche Sie im Laufe der Übungszeit erreichen. Vermerken Sie jeden noch so kleinen Erfolg.

Wenn Sie zum Beispiel eine Übung erfolgreich absolviert haben, erfassen Sie das Datum und Ihr persönliches, positives Erlebnis. Dann können Sie später, nach einem eventuellen Rückschlag, zurückblättern und sehen, dass Sie eben doch schon viel erreicht haben. Die positiven Erlebnisse rücken so in den Vordergrund und Sie grübeln nicht ständig an den negativen Sachen herum.

• Beginnen Sie noch heute mit dem Führen eines Tagebuchs!

Jetzt holen Sie ein Blatt Papier und einen Stift. Schreiben Sie Ihren aktuellen sexuellen Zustand nieder; Stichworte reichen hier durchaus, denn das Ganze soll kein Essay werden, sondern eine persönliche Hilfe für Sie.

Ihre Notizen könnten wie folgt sein: „Sobald ich an Sex denke, werde ich sehr nervös, mein Puls springt schlagartig nach oben", „Ich habe Angst mit ihr zu schlafen", „Ich glaube, ich bin ein Sex-Versager" oder „Die letzten Male klappte es überhaupt nicht."

Danach ziehen Sie einen Strich über das Blatt. Unter dem Strich notieren Sie Ihre Wünsche, das heisst den Zustand, den Sie erreichen wollen.

Zum Beispiel: „Wenn ich an Sex denke, will ich mich darauf freuen können", „Ich will stressfreien, entspannten Sex geniessen", „Meine Partnerin soll genau wie ich Spass am Sex haben."

Lassen Sie genug Platz für Ihre Wünsche, denn im Verlauf der Übungszeit werden immer neue Wünsche auftauchen.

Legen Sie dieses Blatt in Ihr Notizbuch und lesen Sie Ihre Wünsche immer wieder. Je mehr Sie sich mit der Zukunft beschäftigen, desto leichter wird es, die Probleme der Vergangenheit zu vergessen.

• Mit Hilfe des Notizbuches und Ihres „Wunsch-Blatts" werden Sie Schritt für Schritt aus dem Teufelskreis negativer Gedanken ausbrechen.

Mein Notizbuch hat mich während meiner ganzen Therapie begleitet; Sie können nicht darauf verzichten. Ich habe wirklich jeden noch so kleinen Erfolg darin festgehalten.

Vor allem ab Kapitel 5, wenn wir damit beginnen, die physischen Techniken in die Therapie einzubauen, werden Sie täglich Erfolge im Notizbuch festhalten können.

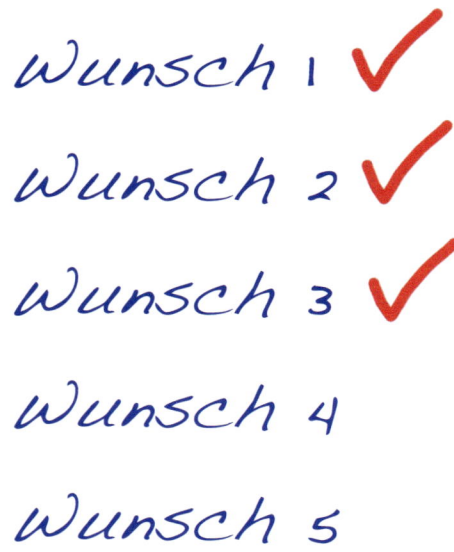

Die Biochemie des menschlichen Körpers wird durch Stress und Entspannung stark beeinflusst. Ohne Entspannungsphasen kann der Körper keine Gifte abbauen (diese Gifte werden während der Stressphasen produziert). Daher sind Phasen von Ruhe und Entspannung unabdinglich für einen gesunden Körper.

Es gibt zwei verschiedene Arten von Anspannung:

• **Körperliche Anspannung. Zum Beispiel Verspannungen der Muskeln, Magendruck, feuchte Hände usw.**

• **Psychische Anspannung. Zum Beispiel Angst (Komme ich zu früh?), Nervosität, Stressgedanken, Unsicherheit usw.**

Lernen Sie, Anspannungen in Ihrem Körper bewusst wahrzunehmen und abzubauen.

Der erste Schritt sollte hier ein offenes Gespräch mit der Partnerin sein, danach hilft in den meisten Fällen eine gezielte Entspannungstechnik. Folgende Entspannungstechniken sind allgemein anerkannt und daher sehr hilfreich für Sie:

• **Yoga**

• **Autogenes Training**

• **Progressive Muskelentspannung**

Seit meiner eigenen Therapie betreibe ich übrigens regelmässig Yoga, was mir auch in vielen anderen Lebenssituationen hilft.

Heutzutage betreibt jeder Profisportler Entspannungstechniken wie die oben erwähnten.

Wie erwähnt, habe ich mich damals für Yoga entschieden. Diese Entscheidung habe ich bis heute nie bereut.

Ich werde Ihnen hier nicht Yoga von A-Z erklären, sondern Ihnen eine Entspannungsübung und drei Yoga-Atemübungen vorstellen, die Ihnen bei der Therapie sehr behilflich sein werden.

Es handelt sich um Atemübungen, mit denen Sie schon bald in der Lage sind, Ihren Puls über die Atmung zu senken. Diese Beruhigung des Herzschlags wird dazu führen, dass Sie in diesen speziellen Situationen vor und während dem Sex viel ruhiger und viel weniger nervös sein werden.

• Bevor wir mit den Übungen beginnen, will ich Ihnen ein paar Grundsätze zu Yoga erklären:

1. Kleidung: Tragen Sie bequeme Kleider, in denen Sie sich frei bewegen können. Verzichten Sie unbedingt auf Schuhe! Am besten machen Sie die Übungen barfuss.

2. Umgebung: Yoga wird normalerweise auf Yoga-Matten ausgeübt. Aber auch herkömmliche Turnmatten oder sonstige Unterlagen wie ein Badetuch sind geeignet. Die Umgebung soll vor allem bequem sein.

3. Körperlicher Zustand: Sie sollten Yoga-Übungen nie mit vollem Magen praktizieren. Darum sollten Sie eher vor einer Mahlzeit üben
.

4. Chin Mudra: Damit wird eine Handstellung bezeichnet, die Sie bei diversen Atemübungen anwenden werden.

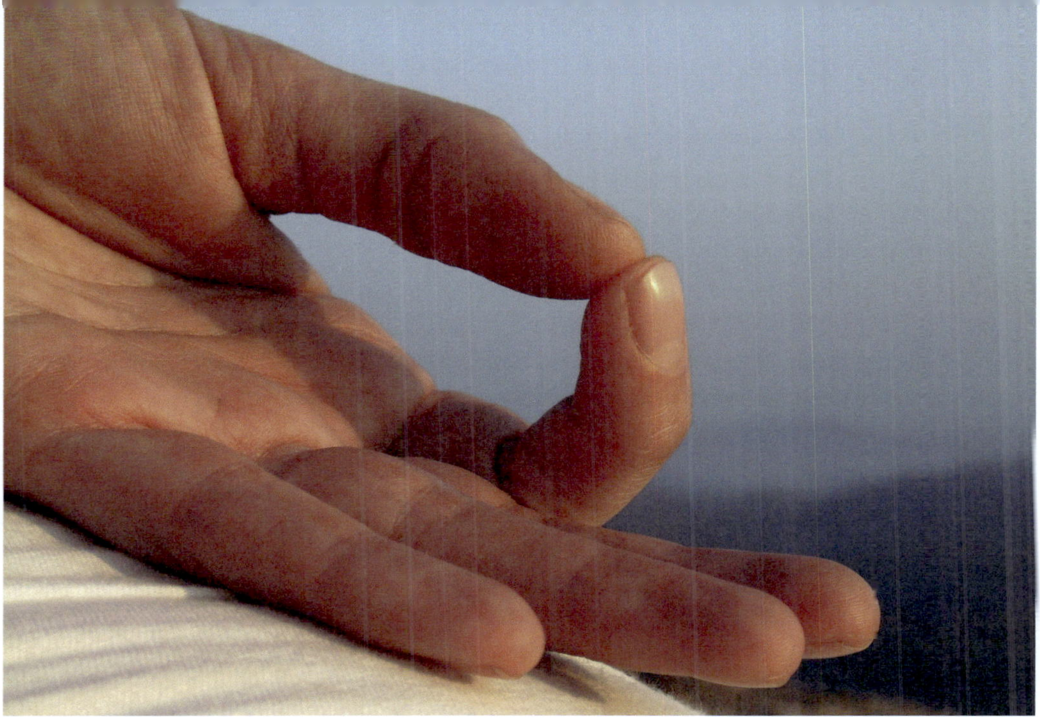

• Wie funktioniert diese Handstellung?

Die Fingerspitzen von Daumen und Zeigefinger berühren sich und bilden so einen Kreis. Die restlichen drei Finger sind gestreckt. Die Handfläche zeigt nach oben.

Die Entspannungsübung, mit welcher wir uns befassen, heisst „Die Totenhaltung (Savasana)":

• Wie funktioniert die Übung?

1. Legen Sie sich mit ausgestreckten Beinen und geschlossenen Augen flach auf Ihren Rücken. Ihre Arme legen Sie mit den Handflächen nach oben, neben Ihren Körper. Danach heben Sie Ihren Po leicht vom Boden ab. Dabei achten Sie darauf, Ihren unteren Rücken so lang zu machen, dass Ihr Kreuzbein flach auf dem Boden liegt. Ihre Wirbelsäule sollte bis zum Scheitel gestreckt sein.

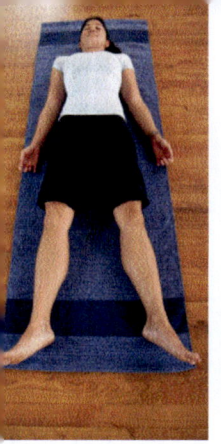

2. Strecken Sie Ihre Beine soweit wie möglich, dehnen Sie sie über die Fersen nach unten. Danach lockern Sie Ihre Beine wieder und lassen die Füsse leicht nach aussen fallen. Ihre Schultern liegen entspannt auf dem Boden. Machen Sie Ihren Nacken möglichst lang: So sollten Sie auch ein leichtes Doppelkinn haben.

3. Nun entspannen Sie Ihren Unterkiefer und öffnen Ihren Mund ein wenig. Achten Sie auch auf Ihre Zunge: Sie soll nicht an den Oberkiefer drücken, sondern hinter der unteren Zahnreihe in der Mundhöhle schweben.

4. Versuchen Sie sich nun vorzustellen, wie Ihre Augäpfel immer tiefer in den Schädel sinken. Danach entspannen Sie Ihre Stirn und die Region um Ihre Augen, so dass alle Falten verschwinden.

5. Jetzt konzentrieren Sie sich auf Ihren Atem. Sie atmen ausschliesslich durch die Nase. Stellen Sie sich vor, wie Ihr ganzer Körper – von Kopf bis zu den Zehenspitzen – mitatmet.

6. Lassen Sie den Atem immer tiefer in den Körper strömen. Merken Sie, wie Sie mit jedem Atemzug noch lockerer werden und Ihr Körper immer tiefer in den Boden sinkt?

• Erste Atemübung: Der gleichmässige Atem (Sana Vritti Pranayama)

Mit Hilfe dieser Übung werden Sie ein gutes Bewusstsein für Ihren Atem entwickeln. Ausserdem werden Sie einerseits Stress abbauen und andererseits wird sich Ihre Konzentrationsfähigkeit verbessern.

Wie funktioniert die Übung?

1. Legen Sie sich, ähnlich wie bei der soeben gelernten „Totenhaltung", flach auf den Rücken. Die Position soll für Sie bequem und entspannend sein. Jetzt konzentrieren Sie sich auf Ihren normalen, natürlichen Atem.

Nach einigen Augenblicken beginnen Sie in Gedanken zu zählen. Versuchen Sie, während vier Schläge einzuatmen und danach während vier Schlägen auszuatmen (Einatmen-2-3-4-Ausatmen-2-3-4-Einatmen-usw). Diese Prozedur wiederholen Sie genau achtmal.

2. Danach erhöhen Sie Einatmen und Ausatmen auf jeweils fünf Schläge, diese Prozedur wiederholen Sie wieder achtmal, danach erhöhen Sie auf sechs Schläge.

3. Nun gehen Sie einmal gedanklich durch Ihren Körper. Spüren Sie noch Verspannungen? Lassen Sie Ihren Körper so locker wie möglich. Achten Sie auch darauf, Ihre Stirn nicht zu runzeln.

4. Jetzt können Sie auf sieben Schläge erhöhen und wiederholen das Ganze wieder achtmal.

5. Falls Sie Probleme damit haben, während sieben Schlägen einzuatmen und während sieben Schlägen auszuatmen, dann kehren Sie jetzt zu sechs Schlägen zurück. Die Übung soll für Entspannung und nicht für Anspannung sorgen, daher ist jede erzwungene Atmung schädlich.

6. Als geübter Yoga-Anwender kann ich heute bis zur maximalen Stufe (zehn Schläge pro Einatmen und zehn Schläge pro Ausatmen) gehen. Aber wie erwähnt, ist das Ziel der Übung nicht, möglichst bald Stufe 10 zu erreichen, sondern Ihren Körper und Ihren Geist zu entspannen.

• Zweite Atemübung: Der Atem der summenden Biene (Bhramari)

Ziel dieser Übung ist es, negative Gefühle wie zum Beispiel Angst oder Ärger zu lindern. Erreicht wird dies, indem man dem Geräusch des eigenen Atems lauscht.

Wie funktioniert die Übung?

1. Suchen Sie sich eine bequeme, sitzende Position auf einem Stuhl oder auf dem Boden. Ihre Knie sind gebeugt. Nun stützen Sie Ihre Ellbogen auf Ihren Knien ab, gleichzeitig verschliessen Sie Ihre Ohren mit den Daumen.

Achten Sie darauf, dass Ihr Rücken gestreckt ist, dass heisst, die Wirbelsäule sollte möglichst lang sein. Entspannen Sie bewusst Schultern, Hals und Gesicht. Geniessen Sie diesen Augenblick für ein paar wenige, bewusste Atemzüge.

2. Als nächsten Schritt schliessen Sie Ihre Augen. Falls Sie sich in einem eher hellen Raum befinden, können Sie zusätzlich noch die Hände über Ihre geschlossenen Augen legen. Ihre Aufmerksamkeit lenken Sie nun in Ihr Inneres, genauer gesagt zu Ihrem Bauch, zum Herz, zum Hals und zum Kopf. Bei jedem Ausatmen hören Sie ein summendes Geräusch im Rachen. Jedesmal, wenn Sie dieses Summen hören, haben Sie sozusagen eine Runde absolviert. Machen Sie solange weiter, bis Sie das Summen zehn Mal gehört haben.

3. Ist Ihnen aufgefallen, dass Sie für das Ausatmen länger brauchen als fürs Einatmen? Wenn ja, Kompliment, denn Sie haben die Übung korrekt durchgeführt. Wenn nein, kein Problem, üben Sie einfach weiter. Setzen Sie sich bei den Atemübungen nie unter Druck.

4. Jetzt können Sie sich konkret auf das Summen konzentrieren, die Tonhöhe können Sie anpassen und so die für Sie angenehmste beibehalten.

5. Jedes Mal, wenn Sie diese Übung beenden, sollten Sie unbedingt ein paar Momente inne halten und still sitzen. Dabei lassen Sie Ihre Augen noch geschlossen. Spüren Sie die Vibrationen in Ihrem Körper? Je ruhiger Sie sitzen, desto mehr Vibrationen können Sie wahrnehmen.

• Dritte Atemübung: Der Wechselatem (Nadi-Sodhana)

Ziel dieser Atemübung ist, das Gleichgewicht zwischen der rechten Körperseite und der linken Körperseite wieder herzustellen.

Wie funktioniert die Übung?

1. Suchen Sie sich eine bequeme Position (sitzend oder falls möglich im Schneidersitz), in welcher Sie Ihren Rücken gerade halten können.

Sie sollten die Position ohne Anstrengung lange halten können. Ihre linke Hand legen Sie auf Ihr linkes Knie und machen eine Chin Mudra (Seite 30) mit der linken Hand.

2. Ihren rechten Arm beugen Sie. Ellbogen und Schultern sollten auf derselben Höhe sein. Dann gehen Sie mit dem rechten Daumen an Ihre Nase, der Daumen soll gerade oberhalb des rechten Nasenlochs liegen. Ihr rechter Ringfinger liegt an derselben Stelle über dem linken Nasenloch und der kleine Finger liegt am Ringfinger. Ihr rechter Zeigefinger und Ihr rechter Mittelfinger liegen auf der Nasenwurzel. Entsprechend dem Chin Mudra der linken Hand befindet sich die rechte Hand nun im Nasen-Mudra.

3. Jetzt schliessen Sie das rechte Nasenloch mit dem Daumen und atmen durchs linke Nasenloch ein, danach verschliessen Sie mit dem Ringfinger das linke Nasenloch, öffnen das rechte Nasenloch wieder und atmen durch dieses aus. Einmal ein- und ausgeatmet entspricht wieder einer Runde. Machen Sie jetzt weitere neun Runden.

4. Wenn Sie die Übung beherrschen, können Sie jeweils zwei Zehner-Runden absolvieren und dazwischen den rechten Arm senken und normal atmen.

5. Sobald Sie die Übung sehr gut beherrschen, können Sie das Gelernte aus der ersten Atemübung (Der gleichmässige Atem, Seite 26) in diese Übung integrieren – erhöhen Sie die Schläge in den einzelnen Runden.
Achten Sie darauf, dass Sie für das Einatmen und das Ausatmen gleich viele Schläge benötigen. Wenn Sie merken, dass die Schläge pro Runde zu viel werden (Sie fühlen eher eine Anspannung als eine Entspannung), dann verringern Sie die Schläge pro Runde wieder.

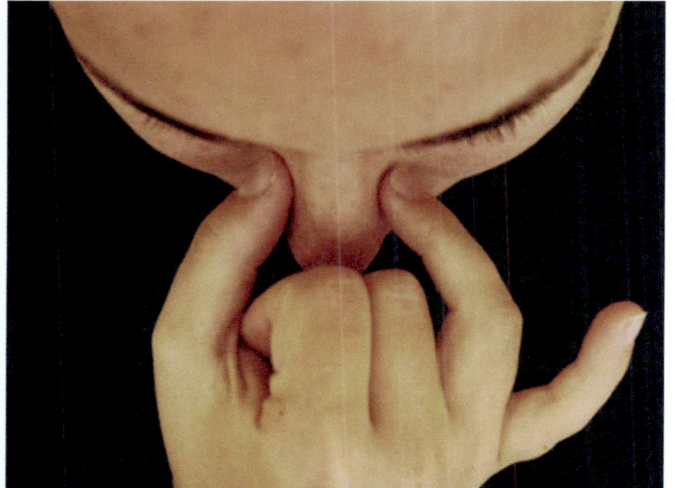

5.   Lösungswege

In diesem Kapitel zeige ich Ihnen die besten Lösungswege, welche auch bei mir hervorragend funktioniert haben. Beachten Sie bitte, dass die **Start-Stop-Methode** und die beiden **Squeeze-Techniken** sowohl alleine wie auch mit einer Partnerin durchgeführt werden können.

Die **Beckenbodenübung** ist eine Trainingsmethode, die Sie praktisch immer und überall alleine ausüben können.

Im Kapitel Stellungen schlage ich Ihnen ein paar **Sexstellungen** vor, bei welchen Sie das Gelernte hervorragend vertiefen können.

5.1   Allgemeine Tipps – sinnvoll oder unsinnig?

Bevor wir zu den eigentlichen Techniken kommen, bespreche ich mit Ihnen ein paar Tipps, die Sie sicher schon öfters gehört haben. Ich sage Ihnen, welche wirklich funktionieren und welche Sie getrost vergessen können.

(Beachten Sie bitte, dass die sinnvollen Tipps die Symptome zum Teil verringern, aber nicht die Ursachen bekämpfen):

• **Vorheriges Onanieren.** Diesen Tipp haben Sie sicher schon oft gehört und ich kann Ihnen sagen: Er ist wirklich sinnvoll. Denn erfahrungsgemäss dauert es „beim zweiten Mal" länger, bis Sie zum Orgasmus kommen. Aber wie erwähnt werden Sie mit diesem Tipp das Problem des vorzeitigen Samenergusses zwar kurzfristig lindern, auf lange Sicht hingegen werden Sie damit bestimmt nicht glücklich werden.

• **Wichtig: Gewöhnen Sie sich nicht an, vor jedem sexuellen Akt zu onanieren. Denn mit der Zeit würde sich dieses Verhalten in Ihrem Unterbewusstsein festsetzen und das darf nicht das Ziel sein.**

• **Was macht Sie an?** Versuchen Sie, auf spezielle Reize zu verzichten. Zum Beispiel könnten Sie die Augen schliessen, während dem Sie oral stimuliert werden, denn viele Männer reagieren stark auf visuelle Reize. Oder wenn Sie einen bestimmten Körperteil Ihrer Partnerin als stark erregend empfinden, dann verzichten Sie darauf, diesen anzusehen oder sogar zu berühren.

Diese Reizminderung kann zwar punktuell während der Therapie helfen, das heisst, im Verlauf der Start-Stop-Methode werden Sie punktuell auf Reize verzichten müssen. Aber diesen Tipp längerfristig anzuwenden wäre meiner Meinung nach ein grosser Fehler und vor allem absolut kontraproduktiv.

Denn dann könnten Sie in Zukunft nur Sex haben, wenn Sie gewisse Reize ausblenden.

Dank der Therapie, die Sie jetzt gerade machen, müssen Sie später auf keinerlei Reize verzichten.

• **Sport.** Sport hat fast nur Vorteile: Er ist gesund, fördert ein besseres Körperbewusstsein und sorgt für eine bessere Ausdauer.

Stimmt alles, aber auf den vorzeitigen Samenerguss hat Sport sicher keinen direkten Einfluss. In früheren Zeiten, als Selbstbefriedigung noch als Sünde galt, wurde gelehrt, dass Sport den Drang zur Selbstbefriedigung zu überwinden hilft. Genauso wie diese Theorie unsinnig war, ist auch der Zusammenhang zwischen Sport und vorzeitigem Samenerguss unsinnig.

Das einzige Argument, das ich hier mit einem Augenzwinkern akzeptieren kann, ist folgendes: Da Sie schon bald in der Lage sind, Ihren Orgasmus zu kontrollieren, werden Sie logischerweise zeitlich länger Sex haben, was eine gewisse körperliche Ausdauer voraussetzt.

• **Gesunde Ernährung.** Gesunde Ernährung führt zu einem gesunden Körper und ein gesunder Körper führt zu einer gesunden Seele.

Ja, bestimmt, aber Einfluss auf den vorzeitigen Samenerguss hat die Ernährung nicht, vergessen Sie also diesen Tipp.

• **Vorspiel**. Primär sollte beim Vorspiel die Partnerin das Objekt der Begierde sein. Achten Sie darauf, dass Ihre Partnerin nach dem Vorspiel sehr erregt ist, so schaffen Sie eine Anpassung der Erregungskurven. Sie kommen dann nicht mehr viel früher als Ihre Partnerin.

Das ist sicher ein guter Tipp für Ihr „taktisches" Vorgehen beim Sex. Ihre Partnerin wird sich kaum dagegen wehren.

• **ABER: Damit kaschieren Sie das eigentliche Problem. Wenn Sie sich ausschliesslich an diesen Tipp halten, werden Sie den vorzeitigen Samenerguss NIE überwinden.**

• **Oralsex mit Menthol.** Menthol wirkt lokal betäubend. Wenn also Ihre Partnerin beim Oralsex zusätzlich ein Menthol-Bonbon lutscht, wird die Eichel leicht betäubt.

Dass Menthol eine betäubende Wirkung hat, ist eine Tatsache.

• **ABER, wem hilft dieser Tipp? Ihnen sicher nicht, denn erstens ist der Grad der Betäubung nicht wirklich hoch: Sie würden auch mit betäubter Eichel zu früh kommen. Zweitens war für mich der Gedanke daran, meinen Penis beim Sex zu betäuben, nicht wirklich sinnvoll oder anders gesagt: ziemlich kontraproduktiv.**

• **Veränderung des bisher gewohnten Sexuallebens.** Sexuelle Handlungen werden immer im Unterbewusstsein abgespeichert. Darum ist es wichtig, Ort, Zeit und Handlungen zu variieren. Sonst kann es sein, dass Sie „zu früh kommen" zum Beispiel mit einem bestimmten Zimmer verbinden.

Wenn immer Sie dann dieses Zimmer betreten, ist der erste Gedanke: „Bloss nicht wieder zu früh kommen!"

Wie Sie konkret aus diesem Teufelskreis negativer Gedanken ausbrechen können, haben Sie im Kapitel 4.1 – Positives Denken erfahren.

• **Ich möchte Sie nochmals darauf hinweisen**:

Alle diese Tipps funktionieren. Passen Sie aber auf, dass Sie diese Tipps nicht allzu lange oder allzu oft anwenden, sonst könnten Sie das eigentliche Ziel aus den Augen verlieren.

Sobald Sie die ersten Fortschritte in der Therapie erreicht haben, werden Sie diese Tipps sowieso nicht mehr brauchen.

5.2 Die Start-Stop-Methode (entwickelt von J. Semans)

Die Start-Stop-Methode ist eine Masturbationsübung. Ziel der Übung ist es, eine bessere Ejakulationskontrolle zu erlangen. Später kann diese Ejakulationskontrolle auf den Geschlechtsverkehr übertragen werden.

Wie funktioniert die Übung?

Suchen Sie sich ein stilles Plätzchen, wo Sie nicht gestört werden und sich völlig entspannen können (z. B. im Schlafzimmer). Ziehen Sie sich ganz aus und nehmen Sie eine bequeme Position ein. Dann beginnen Sie sich selbst zu stimulieren. Am Anfang sollten Sie noch keine Hilfsmittel benützen. Onanieren Sie solange, bis Sie kurz vor dem „Point of no Return" stehen.

Dann hören Sie sofort auf mit der Stimulation und warten, bis die Erektion wieder nachlässt. Sobald Sie merken, dass die Erektion deutlich abgeklungen ist, beginnen Sie wieder mit der Stimulation des Penis bis kurz vor der Orgasmusschwelle und lassen die Erektion wieder abklingen. Diese Prozedur können Sie so oft wiederholen, wie Sie wollen, bevor Sie schliesslich zum Orgasmus kommen.

• Die Erregungskurve sieht nun folgendermassen aus:

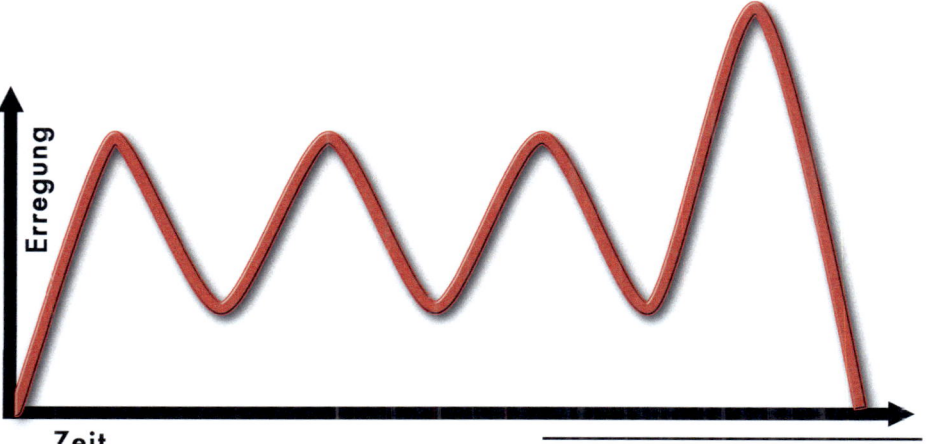

Diagramm: Start-Stop-Methode

Sollten Sie bei den ersten Versuchen den Zeitpunkt des „Point of no Return" verpassen, ist dass natürlich nicht schlimm. Geniessen Sie trotzdem den Orgasmus! Beim nächsten Mal stoppen Sie einfach etwas früher mit der Stimulation.

•Entscheidend ist, dass Sie genau auf Ihre Gefühle und Empfindungen achten. Sie müssen die Orgasmusschwelle bewusst wahrnehmen, dass heisst, Ihren „Point of no Return" genau kennen lernen. Was passiert genau dann in meinem Körper?

Es spielt keine Rolle, wie lange Sie die Übung am Anfang durchhalten, ein paar wenige Minuten reichen vollkommen aus, denn Sie werden die Dauer der Übung kontinuierlich verlängern können.

Halten Sie jede Steigerung als Erfolg schriftlich und auch grafisch fest. Mit Hilfe dieser Übung werden Sie schon bald länger als eine halbe Stunde, mit Unterbrechungen, masturbieren können.

• Wenn Sie das Gefühl haben, diese Übung zu beherrschen, beginnen Sie damit, zusätzliche Reize einzubauen. Der erste zusätzliche Reiz sollte folgender sein: Lassen Sie Ihre Hand während der gesamten Dauer der Stimulation am Penis. Wenn Sie sich der Orgasmusschwelle nähern, verlangsamen Sie die Bewegung der Hand oder hören Sie ganz auf, diese zu bewegen. Dadurch gewöhnen Sie sich an das Gefühl einer dauerhaften Berührung am Penis.

• Sobald Sie die Übung mit dem ersten Reiz mindestens 20 Minuten durchhalten, können Sie einen weiteren Reiz einbauen. Hier empfiehlt es sich, die „Feuchtigkeit" der Partnerin zu simulieren. Dies gelingt am realistischsten mit einer Gleitcrème. Ich kann Ihnen entweder natürliche Öle (Mandel- oder Babyöl) oder speziell für den Geschlechtsverkehr entwickelte Gleitcrèmes (Erotik-Fachhandel) empfehlen. Wenn Sie mit einer Gleitcrème masturbieren, wird die Stimulation noch intensiver wahrgenommen.

Noch ein kleiner Tipp: Wenn Sie eine Gleitcrème benutzen, stellen Sie neben sich ein Glas mit warmem Wasser, damit Sie die Hand immer wieder befeuchten können. Mit der Zeit kann der Gleitfilm zwischen Hand und Penis zu trocken werden, was nicht unbedingt angenehm ist.

Variieren Sie die Schnelligkeit der Bewegungen und den Druck, den Sie auf den Penis ausüben. So lernen Sie Ihren Körper noch besser kennen. Sie werden feststellen, welche Techniken für Sie erregender und welche weniger erregend sind.

Je öfter Sie üben, desto bessere Fortschritte werden Sie machen. Anders gesagt: Mit zunehmender Praxis werden Sie Ihre Ejakulation beeinflussen und steuern können.

Sie können die Start-Stop-Methode immer weiter entwickeln, indem Sie immer neue Reize mit einbauen. Hier empfehlen sich auch visuelle und akustische Reize. Gehen Sie bei jedem neu eingebauten Reiz gleichermassen vor, steigern Sie die einzelnen Erregungsphasen solange, bis Sie kurz vor der Orgasmusschwelle stehen. Sobald Sie die Übung mindestens 20 Minuten durchhalten, bauen Sie einen neuen Reiz ein.

• Einbeziehen der Partnerin in die Start-Stop-Methode

Sobald Sie mit der Start-Stop-Methode vertraut sind, können Sie Ihre Partnerin in die Übungen integrieren. Lassen Sie sich von Ihrer Partnerin mit den Händen stimulieren. Sobald Sie spüren, dass Sie sich dem „Point of no Return" nähern, sagen Sie: „Stopp!" und Ihre Partnerin hört mit der Stimulation auf. Wenn die Erregung nachgelassen hat, beginnt Ihre Partnerin wieder den Penis mit ihren Händen zu reizen. Wichtig ist, dass Sie mit Ihrer Partnerin sprechen. Sagen Sie ihr, was Ihnen wie an welcher Stelle gefällt. Zeigen Sie ihr, wie Sie stimuliert werden möchten. Sagen Sie ihr, was für Sie besonders erregend ist und sagen Sie ihr auch, was Sie nicht erregt. So wird sich Ihre Partnerin viel besser auf Ihre Gefühle und Empfindungen einstellen können.

Sie können mit der Zeit immer neue Reize einbauen. Lassen Sie sich von Ihrer Partnerin mit Gleitcrème stimulieren; Ihre Partnerin massiert mit der zweiten Hand Ihre Hoden oder wenn Sie es BEIDE gerne haben, lassen Sie sich oral stimulieren.

Ihre Partnerin kann immer neue körperliche Reize einbauen und so die Situation immer erotischer gestalten, während die Übungen genau beibehalten werden. Oraler Verkehr ist insofern von Vorteil, da die Feuchtigkeit der Scheide gut simuliert wird. Aber Oralsex ist, wie schon erwähnt, natürlich kein Muss!

• Sollten Sie wieder einmal zu früh kommen, reduzieren Sie einfach die Reize wieder ein wenig und fahren fort.

Männer reagieren übrigens sehr stark auf optische Reize. Wenn Sie also Ihrer Partnerin beim oralen Stimulieren Ihres Penis zuschauen, werden Sie stärker erregt als wenn Sie zum Beispiel die Augen schliessen. Ähnlich verhält es sich bei akustischen Reizen: Bei vielen Männern wird der Orgasmus durch das Stöhnen der Partnerin ausgelöst!

Wenn die Situation zu erregend wird, bitten Sie Ihre Partnerin, vorerst auf das Stöhnen zu verzichten.

• Sie sollten diese Übungen nicht wie in einem Pflichtenheft abhaken. Der Spass darf nicht zu kurz kommen, Sie können sich ohne Weiteres einmal gehen lassen. Und bedenken Sie bitte, dass Sie von Ihrer Partnerin sehr viel Einfühlungsvermögen und Verständnis verlangen. Achten Sie also darauf, dass Ihre Partnerin nicht zu kurz kommt. Verwöhnen Sie sie! Und loben Sie sie, wenn sie etwas gut gemacht hat.

Ich habe diese Technik zu Beginn nur alleine und ohne Hilfsmittel durchgeführt. Die Dauer der einzelnen Einheiten variiert von Person zu Person. Die Dauer spielt am Anfang sowieso keine entscheidende Rolle. Entscheidend sind die Fortschritte und dass Sie sie immer im Notizbuch festhalten.

Nachdem ich die Übung 10 Minuten am Stück geschafft hatte, fügte ich einen ersten Reiz hinzu, indem ich meine Hand ständig am Penis liess. Dies habe ich kontinuierlich trainiert, bis ich es 20 Minuten ausgehalten habe. Dann habe ich als zweiten Reiz eine Gleitcrème eingesetzt. Beim ersten Versuch mit der Gleitcrème habe ich keine 5 Minuten geschafft – kein Problem. Ich habe einfach wieder solange trainiert, bis ich die Übung wieder auf 20 Minuten ausdehnen konnte.

• Wie schon erwähnt können Sie bei der Wahl der Reize Ihrer Fantasie freien Lauf lassen. Auch die Entscheidung, wann Sie Ihre Partnerin in die Übung integrieren, müssen Sie für sich treffen.

Ich habe meine Partnerin integriert, nachdem ich die Übung mit Gleitcrème 20 Minuten geschafft hatte.

Meine Partnerin habe ich integriert, indem Sie einfach im selben Raum war, als ich die Übung durchführte. Als nächsten Schritt war dann meine Partnerin wieder im selben Raum, diesmal aber nackt ...

Wie bei der Start-Stop-Methode sollten Sie sich auch bei der Squeeze-Technik ein ruhiges Plätzchen suchen, wo Sie ungestört üben können. Auch bei dieser Technik spielt der „Point of no Return" eine wichtige Rolle.

Stimulieren Sie Ihren Penis bis kurz vor den „Point of no Return", dann hören Sie auf zu stimulieren. Anschliessend drücken Sie den Penis mit Daumen und Zeigefinger zusammen.

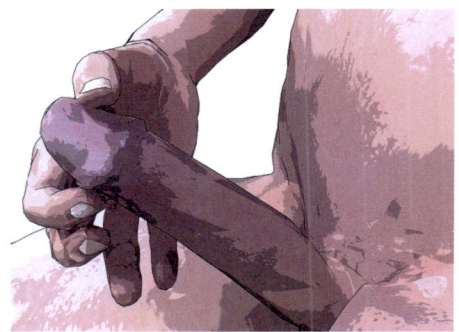 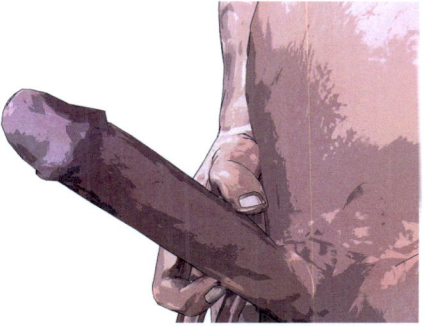

Zeichnung: Squeeze 1   *Zeichnung: Squeeze 2 (alternativ)*

Der Daumen liegt um die Eichel, der Mittelfinger unterhalb der Eichel und der Zeigefinger auf dem „Bändchen" auf der anderen Seite.

Nun pressen Sie die Eichel zusammen, indem Sie Finger und Daumen gegeneinander drücken (aber bitte nur so stark, dass es für Sie nicht schmerzhaft wird). Der Zeigefinger sollte die Harnröhre abdrücken und so den Ejakulationsdrang verringern. Dies sollte zirka 3 bis 10 Sekunden geschehen.

• Experimentieren Sie mit der Druckstärke und der Zeitdauer. Wenn Ihnen der Druck auf diesen Punkt unangenehm vorkommt, können Sie alternativ den Druckpunkt auch weiter unten auswählen.

Verzichten Sie auf jegliche Art von Bewegungen oder Reibungen am Penis, denn diese Übung soll der Senkung der Erregungskurve dienen. Drücken Sie die Eichel so lange zusammen, bis die Erregung nachlässt. Machen Sie sich keine Sorgen, wenn der Penis etwas schlaff wird: Das ist normal.

Es geht bei dieser Übung ausschliesslich darum, die Erregung zu senken.

Die Squeeze-Technik kann auf zwei verschiedene Arten ausgeübt werden. Bei der zweiten Variante wird der Druck nicht auf den Penis, sondern auf einen anderen Punkt ausgeübt.

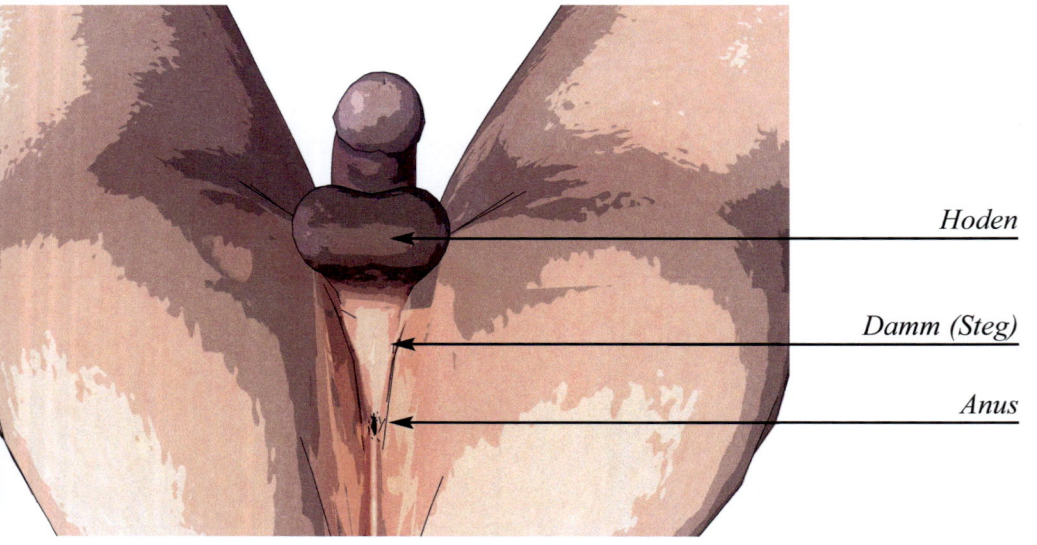

Hoden

Damm (Steg)

Anus

Zeichnung: Position Damm

Hier wird der Druck auf den Damm (Steg) ausgeübt. Den Damm finden Sie zwischen Hoden und Anus.

Auch diese Übung können Sie natürlich zusammen mit Ihrer Partnerin durchführen, es empfiehlt sich aber, die ersten Erfahrungen mit dieser Übung beim Masturbieren alleine zu sammeln, weil Sie sich so am besten auf Ihre eigenen Empfindungen konzentrieren können.

• **Die zweite Variante der Squeeze-Technik empfiehlt sich vor allem für später während des Geschlechtsverkehrs, da der Penis dazu nicht aus der Scheide der Partnerin herausgezogen werden muss.**

Sobald Sie merken, dass Sie sich dem „Point of no Return" nähern, bewegen Sie und Ihre Partnerin sich nicht weiter, mit einer Hand drücken Sie solange auf den Damm, bis die Erregung nachlässt. Danach können Sie mit dem Geschlechtsverkehr weitermachen.

Da der Penis in der Scheide bleibt, können Sie sofort weitermachen. Dann spielt es auch keine grosse Rolle, wenn der Penis ein wenig schlaff wird, denn das wird sich nach Wiederaufnahme der Stimulation sehr schnell wieder ändern.

Auch bei dieser Übung ist eine verständnisvolle Partnerin Voraussetzung, die im richtigen Moment aufhören kann. Zeigen und sagen Sie Ihrer Partnerin, dass Sie für Ihr Verständnis sehr dankbar sind.

Diese Technik habe ich zu Beginn immer alleine durchgeführt. Ich persönlich bevorzuge die zweite Squeeze-Technik, aber wie schon erwähnt, hängt die bevorzugte Technik stark von Ihrer Person ab.

• Vergessen Sie nicht, auch bei dieser Übung alle Fortschritte im Notizbuch festzuhalten. Bei dieser Gelegenheit können Sie auch wieder einmal auf Ihr Wunsch-Blatt schauen: Vielleicht haben Sie ja inzwischen neue Wünsche oder Bedürfnisse?

Die Beckenbodenübung ist eine einfach zu trainierende, aber sehr wirkungsvolle Methode um das Erregungsniveau zu senken. Bei dieser Übung werden Sie Ihr Empfinden im Genitalbereich verbessern und so den Orgasmus viel besser kontrollieren können. Denn durch Anspannung und Entspannung dieser Muskeln wird der Samenerguss verhindert oder zumindest verzögert.

Wie funktioniert diese Methode?

Der grosse Vorteil dieser Übung ist, dass Sie sie praktisch überall ausführen können.

Konzentrieren Sie sich auf Ihren Schliessmuskel beziehungsweise auf den Muskel, mit welchem Sie ihren Urinstrahl unterbrechen können. Sollten Sie diesen Muskel nicht spüren, dann stoppen Sie beim nächsten Toilettengang ihren Urinstrahl und schon kennen Sie den Muskel.

• Die Übung kann stehend, sitzend oder liegend ausgeführt werden.

Spannen Sie die Beckenbodenmuskulatur kurz an und entspannen Sie sie gleich wieder. Diese Prozedur wiederholen Sie 20 Mal.

• Sie sollten diese Übung mehrmals täglich ausführen und die Anzahl der Kontraktionen kontinuierlich steigern. Sie werden schon nach wenigen Tagen deutliche Fortschritte erkennen.

Bauen Sie diese Übung in Ihre Masturbationstechnik mit ein und experimentieren Sie, indem Sie kurz vor dem „Point of no Return" die Beckenbodenmuskulatur anspannen. Auch hier ist es wichtig, dass Sie in Ihren Körper hineinhören und alle Reaktionen bewusst wahrnehmen.

Diese Übung habe ich wann immer möglich trainiert: bei der Arbeit, im Zug, vor dem Fernseher usw.

Je öfter Sie die Übung trainieren, desto schneller wird die Beckenbodenmuskulatur gestärkt.

In diesem Kapitel will ich Ihnen ein paar Sexstellungen vorschlagen, bei denen Sie die beschriebenen Methoden perfekt üben können:

• Die Missionarsstellung

Die wahrscheinlich bekannteste aller Sexstellungen.

Wie funktioniert sie?

Die Partnerin liegt mit gespreizten Schenkeln und angewinkelten Beinen auf dem Rücken. Sie liegen mit gestreckten Beinen auf ihr und stützen sich links und rechts Ihres Körpers mit den Armen ab.

• Vorteile der Missionarsstellung?

Die Missionarsstellung ist simpel und unkompliziert auszuführen. Die Stellung ist ideal, um die Start-Stop-Methode und auch die Squeeze-Technik zu trainieren. Der grosse Vorteil bei dieser Stellung ist, dass Sie als Mann Tempo

und Rhythmus selber bestimmen. Wenn Sie zum Beispiel das Gefühl haben sich bei einem gewissen Tempo zu schnell dem „Point of no return" zu nähern, dann verlangsamen Sie die Bewegungen oder ändern Sie den Rhythmus. Sie können natürlich auch den Penis für wenige Sekunden ganz aus der Scheide herausziehen und so die Erregung kurz abklingen lassen.

Was mir persönlich an dieser Stellung gefällt, ist die Möglichkeit, meiner Partnerin während der ganzen Dauer in die Augen zu schauen. So kann ich einerseits ihre Empfindungen besser wahrnehmen und auf der anderen Seite kann meine Partnerin viel besser einschätzen, wie es mir gerade geht.

• Die Doggy-Style-Stellung

Die Hündchenstellung ist eine der ursprünglichsten Stellungen.

Wie funktioniert die Stellung?

Ihre Partnerin ist auf ihren Knien und stützt sich mit den Händen ab. Dabei ist es hilfreich, wenn Sie ihre Schenkel ein wenig spreizt. Sie knien sich hinter Ihrer Partnerin hin und dringen so in ihre Vagina ein. Beachten Sie: Je weiter unten sich der Oberkörper Ihrer Partnerin befindet, desto tiefer können Sie in ihre Vagina eindringen.

• Vorteile der Hündchenstellung?

Genau wie bei der Missionarsstellung haben Sie als Mann auch bei der Hündchenstellung die volle Kontrolle über Tempo, Rhythmus und auch darüber, wie tief Sie in Ihre Partnerin eindringen. Das heisst, dass diese Stellung auch ideal für das Training der Start-Stop-Methode und der Squeeze-Technik geeignet ist.

Bitte beachten Sie, dass Sie bei der Hündchenstellung wirklich sehr tief in Ihre Partnerin eindringen können und nicht jede Frau mag das. Ein vorheriges Gespräch empfiehlt sich hier sehr. Weiter sollten Sie beachten, dass bei einem tiefen Eindringen in Ihre Partnerin die Stimulation Ihrer Eichel entsprechend zunimmt. Sie sollten sich also geduldig und Schritt für Schritt an diese Stellung herantasten.

Was mir an dieser Stellung besonders gefällt, sind einerseits die oben erwähnte völlige Kontrolle über die Situation und andererseits meine beiden freien Hände, die über den ganzen Körper der Partnerin wandern können.

• Sex im Stehen

Diese Stellung sollten Sie nur ausprobieren, wenn Sie Ihre Partnerin problemlos in die Höhe heben können.

Wie funktioniert die Stellung?

Sie stehen auf dem Boden und heben Ihre Partnerin hoch. Am besten halten Sie sie unter ihren Oberschenkeln. Sie können auch versuchen, Ihre Partnerin leicht auf Ihren Hüften abzusetzen. Ihre Partnerin kreuzt ihre Füsse hinter Ihnen und hält sich mit den Armen entweder an ihrem Nacken fest. Oder – wenn die Kraft reicht – kann sie sich auch an Ihrem Rücken festhalten. Für den Anfang empfiehlt es sich, diese Stellung mit Hilfe einer festen Wand, an der Sie Ihre Partnerin anlehnen können, zu üben.

• Tipp: Sollte der Grössenunterschied zwischen Ihnen und Ihrer Partnerin zu gross sein für „Sex im Stehen", dann behelfen Sie sich doch mit einem Hocker.

• Vorteile vom „Sex im Stehen"?

Da Sie Ihre Partnerin bei dieser Stellung halten und stützen, sind Sie es, der Tempo und Rhythmus bestimmt. Das ist für Ihre aktuelle Situation ein entscheidender Faktor, vor allem auch beim Training der Start-Stop-Methode und der Squeeze-Technik.
Wie bei der Missionarsstellung können Sie auch beim „Sex im Stehen" – dank dem Augenkontakt – die Empfindungen Ihrer Partnerin sehr gut einschätzen.

• Die folgenden Stellungen sind eher für Fortgeschrittene, da Tempo und Intensität von Ihrer Partnerin gesteuert werden:

• Die Reiterstellung

Bei deutschen Paaren die beliebteste aller Sexstellungen.
Wie funktioniert sie?
Grundsätzlich ist die Reiterstellung das Gegenteil der Missionarsstellung. Sie liegen flach auf Ihrem Rücken. Ihre Partnerin setzt sich mit gespreizten Beinen auf Sie; dabei halten Sie Augenkontakt. Sie können Ihren Penis am einfachsten in die Vagina einführen, wenn Ihre Partnerin ihren Oberkörper leicht nach vorne neigt.

• Vorteile der Reiterstellung?

Wie erwähnt, ist es Ihre Partnerin, die bei dieser Stellung Tempo und Rhythmus bestimmen kann. Sie als Mann können bei der Reiterstellung völlig entspannen, loslassen und sich Ihrer Partnerin hingeben. Ihre Hände sind frei und Sie können der Partnerin in die Augen schauen. Natürlich können Sie auch bei dieser Stellung die Start-Stop-Methode und die Squeeze-Technik trainieren, aber nur, wenn auch Ihre Partnerin ein gutes Gefühl für Ihre Empfindungen entwickelt hat und so rechtzeitig innehalten kann.
Was mir an der Reiterstellung besonders gefällt, ist, dass sie besonders lustvoll gestaltet werden kann. Sagen Sie Ihrer Partnerin, sie solle ihr Becken nicht nur heben und

wieder senken, sondern es auch kreisen lassen.
Aber Achtung: Die Erregung kann bei solchen Bewegungen extrem stark werden.

Die Reiterstellung kann auch in einer zweiten Variante ausgeführt werden – die umgekehrte Reiterstellung (auch Vollmond genannt).

Die Übung funktioniert gleich der Reiterstellung. Der einzige Unterschied besteht darin, dass sich Ihre Partnerin mit dem Rücken zu Ihnen auf Sie setzt.

• Oralverkehr

Oralverkehr ist die beliebteste alternative Sexstellung.

Wie funktioniert die Stellung?

Beim Oralverkehr befriedigt die Partnerin Ihren Penis mit ihrem Mund. Sie als Mann können dabei stehen, sitzen oder liegen.

• Vorteile des Oralverkehrs?

Sie können sich völlig entspannen und sich Ihrer Partnerin hingeben. Bei dieser Variante des Oralsex spricht man von „Fellatio".

Achtung: Viele Männer empfinden Fellatio als stark stimulierend!

Fellatio ist auch eine gute Möglichkeit, die Start-Stop-Methode sowie die Squeeze-Technik in einer anderen Form zu üben, als Sie dies bisher taten.

Natürlich können Sie als Mann beim Oralverkehr auch eine aktive Rolle übernehmen. Denn Sie können Ihre Partnerin auch mit Ihrer Zunge, mit den Lippen und den Zähnen an ihrer Klitoris, den Schamlippen und dem Scheideneingang verwöhnen und stimulieren. Diese Variante wird auch „Cunnilingus" genannt.

• Wenn Sie nun Fellatio und Cunnilingus kombinieren, spricht man von der „69er"-Stellung.. Bei vielen Männern (bei mir auch) ist die „69er"-Stellung sehr beliebt. Aber: Nicht jede Person (ob Frau oder Mann) mag Oralsex!

• **Wenn Sie Ihrer Partnerin die volle Kontrolle überlassen wollen, dann probieren Sie einmal folgende Stellung aus:**

• **Amazone**

Eine sehr aufregende Stellung, die Sie unbedingt einmal ausprobieren müssen.

Wie funktioniert diese Stellung?

Sie liegen flach auf dem Rücken. Ihre Partnerin setzt sich auf Sie und neigt sich nach vorne. So kann Sie mit ihren Brüsten Ihren Oberkörper massieren. Gleichzeitig kontrolliert Ihre Partnerin Ihre Hände und hält diese über Ihrem Kopf zusammen. Jetzt sind Sie Ihrer Partnerin völlig ausgeliefert; sie bestimmt das Tempo und den Rhythmus.

Wenn Sie sich also sicher genug fühlen, dann probieren Sie diese Stellung einmal aus.

Folgende Hilfsmittel können bei der Bekämpfung von vorzeitigem Samenerguss unterstützend eingesetzt werden. Ich möchte aber klar betonen, dass diese Mittel keine direkte Hilfe leisten.

Die Hilfsmittel beheben bis zu einem gewissen Grad die Symptome, aber keineswegs die Ursachen.

• **Penisring:** Bitte verwenden Sie nur geprüfte Produkte, basteln Sie sich niemals einen eigenen Penisring.

Wichtig ist, dass Sie die für Sie passende Grösse finden.

Anwendung: Schieben Sie den Penisring bis über die Peniswurzel. Sie können den Penisring in Verbindung mit den Masturbationstechniken verwenden, die in diesem Ratgeber erläutert werden.

• **Kondome:** Kondome verringern die Gefühlsintensität: Die Reizung der Eichel nimmt ab.

Es gibt spezielle Kondome, die für Sie interessant sein könnten: Einerseits sind dies Kondome einerseits mit betäubendem Gel und andererseits mit dickeren Wandstärken.

Beide Arten können beim Verzögern des Samenergusses unterstützend wirken. Erkundigen Sie sich bei Ihrem Apotheker.

• **Sprays • Gels:** Es gibt betäubende Sprays oder Gels, die ähnlich wie die betäubenden Kondome die Empfindsamkeit des Penis vermindern.

Wichtig zu beachten:

Diese betäubenden Substanzen sollten Sie immer in Verbindung mit einem Kondom verwenden, da Ihre Partnerin sonst auch betäubt wird!!!

• **Dildo:** Wenn Sie Ihre Partnerin beim Vorspiel mit einem Dildo verwöhnen, wird sich ihre Scheide ausweiten. Beim anschliessenden Geschlechtsverkehr wird die Reibung auf Ihren Penis geringer, da die Scheide nicht mehr so eng ist.

Die Meinungen betreffend einer medikamentösen Behandlung von vorzeitigem Samenerguss gehen weit auseinander. Leider gibt es bis heute kein Medikament, mit dem ein vorzeitiger Samenerguss direkt behandelt werden kann.

Jedoch können Medikamente, welche für andere Krankheitsbilder entwickelt wurden, durch gewisse Nebenwirkungen das Problem des vorzeitigen Samenergusses lindern (nicht heilen).

Aber auf Dauer bedeuten diese Medikamente keine Verbesserung Ihrer Situation. Ich persönlich habe nie Medikamente eingenommen – es geht auch ohne!!!

Meiner Meinung nach sollte die medikamentöse Behandlung als einer der letzten Auswege angesehen werden. Wenn Sie diesen Ratgeber seriös durcharbeiten und die Methoden regelmässig anwenden, werden Sie den Weg der medikamentösen Behandlung nicht brauchen.

• Ich werde hier nicht auf konkrete Medikamente eingehen, da Sie diese sowieso nur unter ärztlicher Aufsicht einnehmen dürfen.

47

7. Tao

Die Idee, die im Zusammenhang mit vorzeitigem Samenerguss hinter Tao steht, ist folgende: Der Mann soll durch Beherrschen des Samenergusses die Dauer des Geschlechtsverkehrs so lange ausdehnen können, dass die Frau am Ende wirklich befriedigt ist.

Um dies zu erreichen, werden in der taoistischen Lehre diverse Übungen erläutert.

Sie sollten diese Übungen aber erst dann angehen, wenn Sie bereits erste Erfahrungen mit der Start-Stop-Methode und den beiden Squeeze-Techniken gesammelt haben.

• **Die folgenden drei sind für Sie interessant:**

• **Erste Übung:** Ihre Partnerin sitzt auf Ihnen – Sie küssen, streicheln und umarmen sich und schauen einander an. Bewegen Sie sich sehr langsam. Wenn Sie kurz vor dem „Point of no Return" stehen, stoppen Sie beide ihre Aktivitäten und entspannen sich.

• **Zweite Übung:** Dringen Sie mit Ihrem Penis drei Zentimeter in die Scheide Ihrer Partnerin ein und verharren Sie eine Minute in dieser Position. Sie sollten sich beide kaum bewegen. Nach dieser Minute lassen Sie Ihren Penis eine Minute auf der Klitoris der Partnerin ruhen.

• **Dritte Übung:** Weiche Penetration. Führen Sie Ihren schlaffen Penis in die Scheide der Partnerin ein und lassen ihn nur durch Beckenbodenbewegungen Ihrer Partnerin steif werden.

48

8.   Liebe Partnerinnen!

Ihre Männer brauchen Sie, glauben Sie mir. Für viele Männer, die unter vorzeitigem Samenerguss leiden, ist es extrem schwierig, dies anzusprechen oder sogar zuzugeben. Darum ist es auch an Ihnen, das Thema anzusprechen. Sobald Ihr Partner merkt, dass Sie das Problem mit ihm zusammen lösen wollen, wird seine Motivation, endlich etwas zu unternehmen, deutlich steigen.

• Sie müssen ihm klarmachen, dass sich die weibliche Sexualität stark von der männlichen unterscheidet.

So ist es zum Beispiel für viele Frauen schier unmöglich, nur durch die Penetration mit dem Penis zum Orgasmus zu kommen. Solche Dinge müssen Sie Ihrem Partner unbedingt erklären. Sonst wird er ständig das Gefühl haben, zu früh gekommen zu sein, da Sie noch keinen Orgasmus hatten, er aber schon. Ihr Partner sagt sich dann: „Ich bin ein Mann und ein richtiger Mann verschafft seiner Partnerin einen Orgasmus, bevor er selber kommt." Nach jedem Misserfolg wird der Druck, unter den er sich selber stellt, noch grösser.

Diese Haltung hängt stark mit den heutigen Medien zusammen (vor allem moderne Porno-Filme), in welchen jeder Mann seine Partnerin und noch weitere Frauen vollends befriedigt.

Zeigen Sie Ihrem Partner doch einmal folgendes Diagramm, damit er begreift, dass gestellte Szenen in einem Porno-Film nicht viel mit der Realität zu tun haben: Die Erregungskurve einer Frau verläuft ungleich der Erregungskurve eines Mannes. Das ist eine Tatsache.

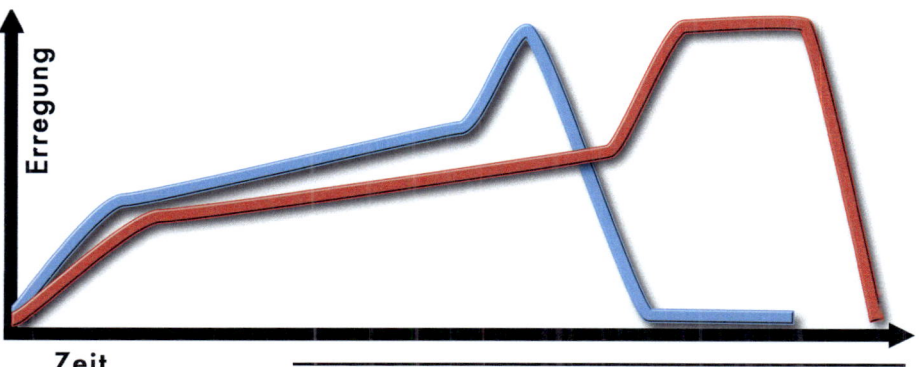

Diagramm: Sexueller Reaktionszyklus Mann – Frau

49

Die blaue Kurve beschreibt den männlichen sexuellen Reaktionszyklus, die rote Kurve den weiblichen. Wie Sie sehen, dauert es bei Frauen länger, bis sie zum Orgasmus kommen und die Orgasmusphase ist auch länger als beim Mann.

Gründe für die unterschiedlichen Erregungskurven gibt es viele. So empfinden Männer zum Beispiel visuelle Reize viel stärker als Frauen. Fragen Sie Ihren Partner doch einmal, bei welchen Reizen er besonders erregt wird. So kann es gut sein, dass Ihr Partner bloss wegen Ihrem Stöhnen unglaublich stark erregt wird oder vom Anblick Ihrer nackten Brüste. Beim nächsten Sex verzichten Sie auf diese Reize und er wird schon länger durchhalten.

Ein anderer Grund für die unterschiedlich verlaufenden Erregungskurven kann auch die praktizierte Sexstellung sein. Für Sie als Frau sind gewisse Sexstellungen nicht wirklich erregend, auch wenn sie als angenehm empfunden wird. Dass hat vor allem damit zu tun, wie stark die Klitoris stimuliert wird. Für Ihren Partner kann genau diese Sexstellung aber sehr erregend sein. Ist sich Ihr Partner dieser Tatsache bewusst? Bitte erklären Sie es ihm.

Sie müssen Ihrem Partner unbedingt verdeutlichen, was Sie als erregend empfinden und was nicht. Vielleicht weiss Ihr Partner gar nicht, dass es Ihnen beim Sex auch auf Zärtlichkeiten ankommt! Er denkt vielleicht, dass Ihnen Sex wie in einem Porno gefällt ...

• **Zum Schluss, liebe Partnerinnen, möchte ich Ihnen noch einen Satz auf den Weg geben, den Sie Ihrem Partner immer wieder predigen müssen: „Nicht der Orgasmus ist das Ziel, sondern der Weg dazu.“**

So, jetzt kennen Sie alle Techniken, die Sie brauchen, um nie wieder unkontrolliert zum Orgasmus zu kommen. Sie wissen einerseits, dass die psychische Komponente in diesem Prozess eine entscheidende Rolle spielt. Sie wissen, dass Sie sich in einem Teufelskreis befinden. Dieses Wissen ist der erste Schritt zum Besseren. Denn Sie wissen auch, wie Sie aus diesem Teufelskreis ausbrechen können. Andererseits beherrschen Sie auch die besten Techniken im physischen Bereich (Masturbationsübungen, Muskulaturaufbau und vor allem Atmungstraining).

Ich hoffe natürlich, dass Sie bereits heute erste Fortschritte bemerken. Sollte dies jedoch noch nicht der Fall sein, kann ich Ihnen versprechen, dass Sie schon bald Fortschritte bemerken werden, solange Sie sich an die Angaben in diesem Ratgeber halten.

Entscheidend ist jetzt, dass Sie das Gelernte regelmässig und seriös trainieren. Je seriöser Sie an sich arbeiten, desto grösser werden die Fortschritte sein und umso schneller werden Sie Ihre Ziele erreichen, die Sie auf Ihrem „Wunschblatt" notiert haben.

• Vergessen Sie auch nie, Ihre Fortschritte im Notizbuch festzuhalten!

Beachten Sie bitte auch, dass eine erfolgreiche Therapie nur dann möglich ist, wenn Sie sowohl die psychischen Methoden wie auch die physischen Techniken kombiniert anwenden.

An dieser Stelle möchte ich mich ganz herzlich bei allen bedanken, die mir beim Erarbeiten dieses Ratgebers mit hilfreichen Informationen zur Seite standen. Insbesondere die ausführlichen Gespräche mit anderen Betroffenen und deren Partnerinnen und/oder Partnern waren sehr aufschlussreich – ohne Euch hätte ich diesen Ratgeber nicht erarbeiten können.

• Noch ein Satz an alle Männer: „Nicht der Orgasmus ist das Ziel, sondern der Weg zum Orgasmus."

Zum Schluss wünsche ich Ihnen viel Erfolg auf Ihrem Weg in ein erfülltes Sexleben. Glauben Sie an sich: Auch Sie werden aus dem Teufelskreis ausbrechen ...

10. Quellen- und Literaturverzeichnis

• Quellenverzeichnis:

Gespräche mit Betroffenen, Therapeuten und Ärzten

• Literaturverzeichnis:

Pschyrembel, Klinisches Wörterbuch, 1994
Schon wieder zu früh von Michael J. Pfreunder, 2005
Hilfe, ich komme zu früh von Jan Aalstedt, 2007
Premature Ejaculation von J. Semans, 1956
Human Sexual Response von W.H. Masters und V.E. Johnson, 1966
Yoga von Christina Brown, 2003
Der Super-Orgasmus von L. Paget, 2001
Die neue Sexualität der Männer von B. Zilbergeld, 2000
Das Tao der Liebe von J. Chang, 2001
Ejaculatio Praecox: Therapiemanual von M. Hanel, 1998
Männer unter Stress – Symptome, Gefahren, Überlebensstrategie
von G. Witkin-Lanoil, 1987

10.1 Bilderverzeichnis